SOBRE
EL MATRIMONIO

Timothy Keller fundó la iglesia Redeemer Presbyterian Church en la ciudad de Nueva York con su esposa Kathy y sus tres hijos. Redeemer creció hasta tener una asistencia regular de unas 5.500 personas cada domingo y ayudó con la plantación de más de trescientas iglesias nuevas alrededor del mundo. En el 2017, Keller pasó de ser el pastor principal de Redeemer a formar parte del equipo de Redeemer City to City, una organización que ayuda a líderes de iglesias en todo el mundo a ministrar en ciudades globales. Es el autor de *El Dios pródigo*, *Sabiduría de Dios para navegar por la vida*, además de *Encuentros con Jesús*, *Dioses que fallan*, *Moldeados por el evangelio* y *Los Cantos de Jesús*, entre otros.

Kathy Keller recibió su título de maestría en estudios teológicos en el Gordon-Conwell Theological Seminary. Luego, Kathy y Tim se mudaron a Virginia, donde Tim comenzó a servir en una iglesia por primera vez en West Hopewell Presbyterian Church. Después de nueve años, se mudaron a la ciudad de Nueva York a fundar Redeemer Presbyterian Church. Kathy fue coautora de *El significado del matrimonio, Los Cantos de Jesús, Sabiduría de Dios para navegar por la vida* y *El significado del matrimonio: 365 devocionales para parejas* junto con Tim. *Sobre el matrimonio* es su quinta colaboración.

OTROS LIBROS DE LOS AUTORES

El significado del matrimonio
Los Cantos de Jesús
Sabiduría de Dios para navegar por la vida

OTROS LIBROS DE TIMOTHY KELLER

En defensa de Dios
El Dios pródigo
Dioses que fallan
Justicia generosa
Moldeados por el evangelio (Iglesia centrada, tomo 1)
Amar la ciudad (Iglesia centrada, tomo 2)
Servir a un movimiento (Iglesia centrada, tomo 3)
Toda buena obra
Caminando con Dios a través del dolor y el sufrimiento
Encuentros con Jesús
Esperanza en tiempos de temor
Ministerios de misericordia
La oración
La predicación
Una fe lógica
La Navidad oculta
El profeta pródigo
Sobre el nacimiento
Sobre la muerte
Gálatas para ti
Jueces para ti
Romanos para ti

SOBRE
EL MATRIMONIO

TIMOTHY KELLER
& KATHY KELLER

Mientras lees, comparte con otros en redes usando

#EncuentraADios | #SobreElMatrimonio

Sobre el matrimonio
Timothy Keller

© 2022 por Poiema Publicaciones

Traducido con el debido permiso del libro *On Marriage*
Copyright © Timothy Keller, 2020. Publicado por Penguin Books, una imprenta de Penguin Random House, LLC | penguinrandomhouse.com

A menos que se indique lo contrario, las citas bíblicas han sido tomadas de *La Santa Biblia, Nueva Versión Internacional* © 1986, 1999, 2015, por Biblica, Inc. Usada con permiso.

Todos los derechos reservados. Ninguna parte de esta publicación puede ser reproducida, almacenada en un sistema de recuperación, o transmitida de ninguna forma ni por ningún medio, ya sea electrónico, mecánico, fotocopia, grabación, u otros, sin el previo permiso por escrito de la casa editorial.

Poiema Publicaciones
info@poiema.co
www.poiema.co

Impreso en Colombia
ISBN: 978-1-950417-38-4
SDG

*En memoria del Dr. R.C. Sproul,
quien ofició nuestra boda
e hizo que tanto nuestra teología
como nuestro matrimonio
tomaran la dirección correcta*

Contenido

Introducción de la serie *Encuentra a Dios* ♦ xi

Empezar un matrimonio ♦ 1

Mantener un matrimonio ♦ 41

El destino del matrimonio ♦ 73

Agradecimientos ♦ 97

Notas de texto ♦ 99

Introducción de la serie
Encuentra a Dios

La vida es un viaje en el que es esencial encontrar y conocer a Dios. El nacimiento de un bebé, el acercamiento al matrimonio y el enfrentar la muerte (ya sea a una edad avanzada o mucho antes) tienden a hacer que la mente se enfoque. Nos libramos temporalmente del ensimismamiento de la vida cotidiana y nos hacemos las grandes preguntas de todos los tiempos:

¿Estoy viviendo por cosas que valen la pena?

¿Tendré lo necesario para enfrentar esta nueva etapa de la vida?

¿Tengo una relación real con Dios?

Sobre el matrimonio

La transición más fundamental para cualquier ser humano es la que se conoce en la Biblia como el nuevo nacimiento (Juan 3:1-8) o convertirse en una "nueva creación" (2 Corintios 5:17). Claramente, esto puede suceder en cualquier momento de la vida, pero muchas veces las circunstancias que nos llevan a tener una fe vital en Cristo se dan durante estos cambios importantes en las etapas de la vida. En cuarenta y cinco años de ministerio, mi esposa Kathy y yo hemos visto que las personas suelen estar abiertas a considerar una relación con Dios durante las grandes transiciones de vida.

En esta serie de libros cortos queremos ayudar a los lectores que enfrentan grandes cambios de vida a que piensen en lo que significa que alguien haya sido realmente transformado. Nuestro propósito es presentarles los fundamentos cristianos para los momentos más importantes y profundos de la vida. Comenzamos con el nacimiento y el bautismo, pasamos al matrimonio y terminamos con la muerte. Mi esperanza es que estos pequeños libros les provean dirección, consuelo, sabiduría y, por encima de todo, les apunten hacia el camino para encontrar y conocer a Dios durante toda su vida.

SOBRE EL MATRIMONIO

Empezar un matrimonio

¿Para qué tomarse la molestia de casarse? En las palabras del servicio de bodas cristiano tradicional: "Dios ha establecido y santificado el matrimonio para el bienestar y la felicidad de los seres humanos".[1] Aunque es cierto, ese no puede ser el final de la discusión para las personas modernas.

Esta pregunta es más urgente ahora de lo que fue en tiempos antiguos. En el pasado se daba por sentado que para poder convertirte en un miembro adulto de la sociedad tenías que casarte y tener hijos, y la gran mayoría de personas lo hacían. Sin embargo, hoy en día los adultos jóvenes en los países occidentales posponen el matrimonio más que nunca. Es posible que cerca de un tercio de todos los mileniales en los Estados Unidos se case después de los cuarenta años y que el 25% no se case en absoluto, siendo esta la proporción más alta entre todas las generaciones de la historia moderna.[2] ¿Por qué? Hay dos razones por las que muchas personas deciden no casarse: el estrés económico y el aumento del individualismo en la cultura.

Temores frente al matrimonio

El factor económico se hace evidente en la creencia generalizada de que los adultos solteros deben tener una buena carrera y ser estables económicamente antes de casarse, y de que, por supuesto, el que quiera ser su futuro cónyuge también debe serlo. La suposición que hay detrás es que la vida de casados es un drenaje de recursos, especialmente cuando llegan los hijos. Por tanto, se cree que antes de uno casarse hay que tener una fuente de ingresos garantizada, ahorros suficientes y quizás hasta un portafolio de inversiones.

Sin embargo, esta perspectiva va en contra tanto de las estadísticas como de la tradición. Tradicionalmente, te casabas no porque tuvieras seguridad y estabilidad económica, sino para conseguirlas. El matrimonio trae consigo beneficios económicos únicos. Los estudios muestran que las parejas casadas pueden ahorrar mucho más que los solteros. Los cónyuges pueden animarse el uno al otro a tener niveles mayores de autodisciplina, más que los amigos. Los cónyuges también se proveen más apoyo mutuo al atravesar las pruebas de la vida, así que su salud física y mental suele ser mejor que las de los solteros.

Según los expertos, el otro factor por el que hay menos matrimonios ahora es "el individualismo expresivo".[3] Este es un término que popularizaron los sociólogos para describir una tendencia cultural creciente. En las culturas tradicionales, nuestras relaciones moldeaban nuestra identidad personal. La respuesta a "¿Quién soy?" dependía del lugar que ocupara en una familia y en una comunidad, y tal vez de mi lugar en el universo con Dios. Me convertía en una persona valiosa para la sociedad al cumplir mis responsabilidades en estas relaciones. Sin embargo, en estos tiempos modernos hemos vuelto nuestra mirada hacia adentro. "¿Quién soy?" no se debe determinar por lo que alguien más diga o piense de mí. Encuentro mi valor al descubrir y expresar mis propios deseos y sentimientos más profundos. Luego de determinar quién soy, puedo entrar en relaciones, pero solo con los que me acepten como soy.

Este enfoque moderno de la identidad nos lo inculca nuestra cultura en miles de formas. En la película *Moana* (2016), el padre de la princesa de una isla polinésica le dice a su hija que ella será la futura líder de la isla y que tendrá que asumir muchas responsabilidades tradicionales. Pero lo que Moana desea es irse a navegar para encontrar aventuras. Su abuela le canta una canción que le dice que su "verdadero ser" no se encuentra en sus tareas y responsabilidades sociales, sino en la expresión de sus deseos más profundos. Le dice que, si una "voz interior" le dice que siga los deseos de su corazón, "esa voz interior es *tu verdadero yo*".[4]

Somos bombardeados con este mensaje por todas partes —en la televisión, las películas, la publicidad, los salones de clases, los libros, las redes sociales y las conversaciones casuales— hasta que se convierte en una suposición incuestionable y prácticamente invisible sobre la forma en que llegamos a convertirnos en personas auténticas.

Este yo moderno ha tenido un impacto considerable sobre el matrimonio. Implica que ni siquiera queremos considerar el matrimonio si no hemos establecido nuestra propia identidad individual. No queremos que nadie más diga algo sobre quiénes somos hasta que lo hayamos decidido completamente por nosotros mismos. Además, hoy esperamos e incluso demandamos que todas las relaciones sean transaccionales, temporales mientras nos beneficien, y nunca vinculantes ni permanentes. Si el estándar es que sean temporales, entonces el matrimonio y la paternidad se convierten en temas profundamente problemáticos, ya que salirse de un matrimonio es difícil y salirse de una relación de paternidad es básicamente imposible. ¿Qué pasa si una relación con un cónyuge o un hijo es un obstáculo en tu camino para que expreses "tu verdadero ser"?

Muchas personas en la actualidad solo se casan si creen que han encontrado un cónyuge que no intentará cambiarlos y que proveerá recursos emocionales y económicos para ayudarles a avanzar hacia sus metas personales.

Pero es una ilusión creer que nos encontramos a nosotros mismos mirando hacia adentro y no en las relaciones con quienes nos rodean. En cada corazón hay muchos deseos profundos y contradictorios. El temor y la ira existen al mismo tiempo que la esperanza y la aspiración. Tratamos de ordenar estos deseos contradictorios determinando cuáles no son parte de nuestro verdadero yo. Pero ¿qué sucede si *todos* son parte de mi verdadero yo? ¿Cómo decidimos cuáles nos representan y cuáles no?

La respuesta es que cuando llegamos a admirar y respetar a ciertos individuos o grupos, usamos sus perspectivas para filtrar y evaluar los impulsos de nuestro corazón. En otras palabras, contrario a lo que hemos escuchado, *sí* desarrollamos una identidad no solo mirando hacia adentro, sino por medio de relaciones y narrativas que consideramos importantes, por lo que estas determinan profundamente cómo nos vemos a nosotros mismos. *No* debemos solo mirar adentro.

El enfoque tradicional del matrimonio era sabio porque las personas reconocían intuitivamente que este determinaría y moldearía profundamente nuestra identidad. Y eso es bueno, porque la identidad siempre se forma al interactuar con las personas que son importantes en nuestras vidas. Como dice la psicóloga Jennifer B. Rhodes: "En las generaciones pasadas, las personas estaban más dispuestas a tomar esa decisión [de casarse] y [luego] buscar la forma de salir adelante".[5] ¿Qué mejor forma de descubrir quién eres que casarte con alguien que amas y respetas, y luego descubrir juntos cómo salir adelante?

Así que el debilitamiento contemporáneo del matrimonio se basa en dos creencias equivocadas sobre el mismo: que solo representa pérdidas económicas y que es un impedimento para encontrar plenamente nuestra libertad e identidad.

El matrimonio fue hecho para nosotros

Los científicos sociales han recopilado evidencia en contra de estas dos perspectivas equivocadas, mostrando que el matrimonio nos beneficia de forma significativa, tanto económica como psicológicamente. Además, han demostrado lo crucial que es la familia tradicional para el bienestar de los pequeños, pues a los hijos les va mucho mejor si son criados en familias de parejas casadas. Pero los cristianos no deberían sorprenderse en absoluto por estos hallazgos.[6] El libro de Génesis nos dice que fue Dios quien estableció el matrimonio al crear la raza humana. No debemos creer que esto enseña que todo adulto debe casarse. Jesús mismo fue soltero, y ya que Él es el gran ejemplo del ser humano perfecto, no podemos insistir —como lo han hecho algunas culturas— en que debes estar casado para ser una persona completamente realizada. Pero tampoco debemos ver el matrimonio como lo hace nuestra propia cultura: como un simple proyecto para defender los derechos de propiedad durante la era neolítica, el cual se puede alterar o descartar como queramos.

Wendell Berry es conocido por haber abordado la idea moderna de que tener sexo dentro o fuera del matrimonio es "una decisión completamente privada". Él se opuso diciendo: "El sexo no es ni puede ser un 'asunto personal' de un individuo, y tampoco es simplemente un asunto privado de ninguna pareja. El sexo, así como cualquier otro poder necesario, precioso y volátil que tenemos todos, es un asunto de todos".[7] El sexo fuera del matrimonio produce bebés fuera del matrimonio, suele propagar enfermedades y nos acostumbra a tratar a otros como objetos de placer y no como personas. Todo esto tiene un gran impacto en las condiciones sociales, condiciones que afectan a todos.

Reconocemos que esta línea de pensamiento es profundamente ilógica para las personas modernas en Occidente, pero ha sido bastante natural para la mayoría de seres humanos en la mayoría de lugares y épocas. Al final, tu decisión en cuanto al matrimonio no es una decisión privada. Afecta a todos a tu alrededor.

El matrimonio fue hecho para nosotros, y la raza humana fue creada para el matrimonio.

El temor al fracaso

Muchos afirman que hay otra razón por la que las personas hoy en día se resisten a casarse. "Vi lo difícil que fue el matrimonio de mis propios padres y no quiero eso para mí". El temor al conflicto y al fracaso matrimonial hace que muchas personas no quieran un cónyuge o, como mínimo, hace que busquen a alguien que prácticamente no tenga defectos ni debilidades personales. Algunos asumen que si sus padres se divorciaron, es muy probable que su propio matrimonio termine en un divorcio.

Joe Pinsker, en un artículo publicado en *The Atlantic*, argumenta que las investigaciones recientes no solo demuestran que esto es falso, sino que dicen que estar expuesto a malos matrimonios te puede dar los recursos necesarios para construir uno bueno.[8] Da el ejemplo de un hombre llamado Justin Lange. Después del divorcio de sus padres, Justin vio a su madre casándose dos veces más y a su padre tres veces más. Concluyó simplemente que el matrimonio era demasiado difícil y que él nunca se iba a casar. Pero conoció a una mujer, se enamoró y ahora está felizmente casado después de todo. ¿Por qué? "Él dice que su felicidad actual se debe a… que ha hecho *lo contrario* al ejemplo de sus padres".[9] Aprendió a construir un buen matrimonio *evitando* los errores que ellos cometieron.

Sobre todo, había identificado el mayor fracaso de sus padres: hacer un compromiso de por vida y luego "no estar dispuestos a mantenerlo". Algunas veces el divorcio es necesario y la Biblia lo permite. Pero los estudios longitudinales muestran que dos tercios de los matrimonios infelices, si continúan, se convierten en matrimonios felices en un período de cinco años como máximo.[10] Lange aprendió que era ilusorio pensar que si encontraba a la compañera perfecta no pelearían como sus padres. Se sobrepuso al temor de que el matrimonio sería difícil. Por supuesto que lo sería. También se sobrepuso al temor de que habría peleas. Por supuesto que habría peleas. Pero el secreto es no dejar que esas cosas debiliten su compromiso de amarse el uno al otro en medio de todo. Dijo: "Puede que hoy estés molesto por cualquier tontería, pero ¿es algo que importará más adelante? Solo déjalo pasar y enfócate en lo importante".[11]

Entendiendo mal el sexo

Los investigadores hablan de otra razón por la que los hombres se interesan menos en el matrimonio que en épocas anteriores: la disponibilidad inmediata del sexo.[12] También hemos escuchado a hombres decirnos lo mismo de forma directa: "Antes tenías que casarte para poder tener relaciones sexuales, pero eso ha cambiado completamente".

Esta actitud ve el sexo como una mercancía que solía ser costosa. Antes tenías que dejar de lado tu independencia y casarte para poder tener sexo. Era costoso, pero ahora está disponible a un costo más bajo, por así decirlo. Sin embargo, todo este discurso ve el sexo como una experiencia física y emocional que puede ser igual de placentera, o incluso mejor, fuera del matrimonio.

Desde su inicio, el cristianismo trajo al mundo una perspectiva revolucionaria del sexo. Antes era visto simplemente como una parte —una parte excepcionalmente alegre, poderosa e inseparable— de una entrega mutua. Que nos amen y admiren sin conocernos verdaderamente es poco satisfactorio. Que nos conozcan y nos rechacen es nuestra peor pesadilla. Sin embargo, la mayor satisfacción que podemos experimentar se da cuando nos mostramos vulnerables y la persona que admiramos nos conoce plenamente, nos acepta plenamente y nos ama plenamente. En el matrimonio, los cónyuges pierden su independencia y se vuelven vulnerables e interdependientes. No se relacionan de manera temporal, provisional y transaccional. Se entregan el uno al otro —emocional, física, legal y económicamente— con todo su ser.

La sorprendente ética sexual entre los primeros cristianos era que el sexo no solo era una señal de esa entrega total sino que también era un medio para lograrla, y que no debía usarse para ningún otro propósito. Tener sexo por cualquier otra razón era entenderlo incorrectamente. El acceso a nuestro cuerpo físico debe ir acompañado del acceso a toda nuestra vida por medio de un pacto matrimonial vitalicio. Los primeros cristianos enseñaron que esa era la única circunstancia en la que el sexo cumplía su diseño original de ser un acto de unión y satisfacción.

Este nuevo código sexual de "no hay sexo fuera del matrimonio" sorprendió al mundo romano porque parecía altamente restrictivo.[13] Pero en realidad hizo que el sexo pasara de ser un simple producto de placer a una forma de crear el vínculo y la comunión más profunda posible entre dos seres humanos, así como una forma de honrar y asemejarse al que se entregó completamente por nosotros para que fuéramos libres para entregarnos exclusivamente a Él.

> Huyan de la inmoralidad sexual... ¿Acaso no saben que su cuerpo es templo del Espíritu Santo, quien está en ustedes y al que han recibido de parte de Dios? Ustedes no son sus propios dueños;

fueron comprados por un precio. Por tanto, honren con su cuerpo a Dios (1 Corintios 6:18-20).

Al igual que los ciudadanos de la antigua Roma, las personas en la actualidad consideran que la ética sexual de la Biblia es restrictiva y poco atractiva. Sin embargo, hay indicios y evidencias que señalan que la perspectiva cristiana, supuestamente obsoleta, todavía conecta con nuestras intuiciones profundas sobre el sexo.

El sexo súperconsensuado

En el periódico *The New York Times*, una mujer describió su encuentro sexual con un hombre que conoció en la aplicación Tinder. Ella tenía casi treinta años y él tenía veinticuatro, una diferencia de edad que no pareció importante hasta que él comenzó a "pedir permiso para casi todo".[14] Le preguntó si le podía quitar el suéter y luego de que ella dijera que sí, también le preguntó si le podía quitar la camiseta y luego el sostén. Ella se rio y le dijo que no tenía que pedir permiso para absolutamente todo. Había ocurrido un "cambio drástico" en el "entrenamiento sexual" de los hombres jóvenes que ahora los lleva a pedir consentimiento verbal una y otra vez. Al final, ella dijo: "De hecho, me gustó porque era como una forma de cuidarme. Solo que no estaba acostumbrada a que me cuidaran de esa manera".[15] Para ella fue algo muy íntimo.

Sin embargo, cuando ella le envió un mensaje después, él no le respondió y simplemente desapareció. Cuando les contó a las mujeres con quienes vivía lo herida que estaba, no la entendieron. Les explicó: "Como me pedía consentimiento una y otra vez, sentí que el sexo fue un acto sagrado. Pero después desapareció". Sus compañeras no entendían por qué se sentía tan herida, pero ella siguió reflexionando:

> … en los días y las semanas siguientes, me quedé pensando en que nuestra cultura ve el consentimiento desde una perspectiva muy limitada… El consentimiento no funciona si lo relegamos exclusivamente al ámbito sexual. Nuestro cuerpo solo es una parte de lo que somos. Basar nuestra cultura del consentimiento únicamente en el cuerpo es creer que el cuidado solo involucra lo físico. Desearía que pudiéramos ver el consentimiento como algo que se trata… más de cuidar a la otra persona, todo su ser… Porque no creo que muchos responderíamos "sí" si nos preguntan: "¿Está bien

si actúo como si me importaras y luego desaparezco?".[16]

Si lo que la Biblia dice sobre el diseño del matrimonio y la sexualidad es cierto, la experiencia de esta mujer no debería sorprendernos. Entregar nuestro cuerpo sin entregar nuestra vida entera demuestra que no reconocemos que somos seres integrales. El cuerpo no se puede separar del todo. El sexo realmente debería ser un ofrecimiento recíproco de la vida entera de cada uno. Entregarle tu cuerpo a alguien que se siente con la libertad de irse después y no preocuparse por ti es deshumanizante.

Los que entienden más profunda y ampliamente el consentimiento son los cristianos. Cuando decimos que el sexo es solo para el matrimonio, estamos diciendo que el sexo debe ser súperconsensuado.

Sobre el matrimonio

Buscando el matrimonio de manera correcta

Entonces ¿cómo se empieza un matrimonio? La mayoría de lectores responderían: "Buscando y encontrando a alguien con quien casarme, obviamente". Pero esta respuesta es moderna. En épocas anteriores, tu familia era la que escogía a tu cónyuge. Incluso hace solo cien años, aunque podías tomar tus propias decisiones, tus opciones eran limitadas. La mayoría de personas vivían en comunidades más pequeñas. Tenías que escoger a tu cónyuge de entre un grupo bastante pequeño de personas, y prácticamente todos podían ser evaluados durante años mediante una interacción cara a cara.

Todo esto ha cambiado. Ahora, si vas a una aplicación de citas como OkCupid, te conviertes en uno de 30 millones de usuarios. La cantidad de compañeros potenciales es abrumadora, y el reto de escoger entre ellos puede ser paralizante. Sin embargo, aun si logras superar el miedo, esa forma de evaluar a miles de personas en línea y no mediante una interacción cara a cara puede convertir la búsqueda de matrimonio en una experiencia similar a salir de compras. Al evaluar su altura, peso, apariencia y demás atributos, las personas quedan reducidas a bienes de consumo.

El problema es que aun sin las redes sociales, siempre hemos sido propensos a actuar de esta manera. Para una persona soltera, es instintivo entrar a un lugar donde hay otros solteros y descartar como compañero potencial a cualquier persona que no pase la prueba en términos de factores físicos y económicos. Luego de eliminarlos, volvemos a mirar a los que nos agradan y los evaluamos por cuestiones como el carácter y un sentimiento de "conexión" o afinidad. El problema es que ya has descartado a personas que pudieran tener el carácter y la afinidad que buscas.

Las redes sociales y las aplicaciones de citas acentúan mucho más esta estrategia contraproducente. Un problema grave es que las personas que estás viendo en línea se muestran de una forma altamente filtrada. Estás buscando carácter y conexión, pero como dice un investigador: "No hay evidencia de que puedas evaluar eso en línea". En cambio, dice Eli Finkel de Northwestern University, es sumamente común que estos intercambios en línea lleven a juicios equivocados. "Crees que sabes lo que quieres, pero lo que realmente necesitas es sentarte en la misma mesa con esa persona y compartir una cerveza".[17]

¿Significa esto que no deberías tratar de conocer a nadie en línea? No necesariamente, pero el modo correcto de proceder es, primero, resistirnos a ver el matrimonio como una "experiencia de compras", descartando a otros únicamente por aspectos físicos y económicos y, segundo, buscar formas de "sentarse en la misma mesa con esa persona" y conocerla.

Una vez logramos sentarnos con alguien, ¿qué buscamos?

1. Si eres cristiano, busca a otro creyente.

A primera vista, esto pudiera parecer una declaración prejuiciada, pero si alguien no comparte tu fe cristiana no la va a entender. Y si tu fe realmente determina la forma en que piensas y vives, entonces esa persona tampoco te va a entender a ti. Sin duda, la esencia de un buen matrimonio es estar con alguien que te entienda, pero si la persona no comparte tu fe, no podrá entenderte. La única forma de lograr que una relación como esa crezca en intimidad es que Jesús pase a un segundo lugar en tu mente y corazón.

2 Corintios 6:14 anima a los cristianos a no unirnos "en yugo desigual" en nuestras relaciones más estrechas con personas que no compartan nuestras creencias más profundas. La imagen es la de un granjero que trata de unir con un yugo a dos animales diferentes —como un buey y un burro— que tienen alturas, pesos y marchas diferentes. En vez de aprovechar la fuerza del equipo para realizar la tarea, el yugo de madera raspará e irritará a *ambos* animales. De igual forma, un matrimonio entre un verdadero cristiano y una persona que no lo es podría ser injusto y doloroso para ambos cónyuges.

2. Busca a alguien que te siga gustando aún después de perder su apariencia juvenil.

Aunque la atracción física debe crecer entre los cónyuges, esta debe basarse en un tipo de atracción que es más profunda. En el libro bíblico llamado Cantar de los cantares, el amado dice:

"Cautivaste mi corazón, hermana y novia mía, con una mirada de tus ojos" (Cantares 4:9). Aunque este libro de la Biblia celebra el amor sexual, la parte del cuerpo que recibe más atención son los ojos de la otra persona. Y esto no es tanto un enfoque en la belleza de su forma física; la "mirada" revela el carácter y la personalidad del amado. De hecho, cuando los cuerpos están envejeciendo y perdiendo su belleza, la mirada puede ser aún más amable y sabia, más alegre y amorosa. Ser cautivado por los ojos de otra persona es una forma de decir que lo que te atrae es su corazón.

La atracción romántica no debe ignorar la apariencia física, pero esta no debe ser la parte más importante, porque nadie conservará su apariencia a largo plazo. Pablo nos dice en 2 Corintios 4:16 que aunque los cuerpos se vuelven más débiles y envejecen, la fuerza y la belleza interior de los creyentes pueden crecer más y más con el paso del tiempo. Entre más enfoquemos nuestra mirada en la belleza del ser interior de nuestro cónyuge, más crecerá nuestra atracción física a pesar de que nuestro atractivo físico disminuya con los años.

3. Por último, pide consejo a otros sobre tu relación antes de proceder al matrimonio.

En el pasado era poco probable que comenzaras un romance con alguien que tu familia y tus amigos no conocieran. Lo típico era que recibieras retroalimentación sobre tu compañero de personas que los conocieran bien a ambos. Hoy somos personas móviles que viven en sus teléfonos móviles. Vamos de un lugar a otro. Muchos de los que nos ven cada día no nos conocen bien, y muchos de los que nos han conocido durante más tiempo están lejos y solo pueden "vernos" por medio de representaciones filtradas en línea. Muchas de las personas con quienes nos relacionamos desde hace tiempo no saben cómo estamos en realidad.

Como resultado, tomamos más decisiones de manera aislada, incluyendo decisiones sobre el romance y el matrimonio. Pero el matrimonio es una decisión demasiado importante como para tomarla sin recibir consejo. Necesitas escuchar lo que dicen las parejas casadas que han acumulado sabiduría y experiencia. Aprovecha esta sabiduría y busca el consejo de los matrimonios que conozcas.

Comenzando el matrimonio de manera correcta

Una vez te has casado, ¿cómo comienzas a sentar las bases para un matrimonio largo y provechoso?

Antes de casarnos, Kathy escuchó muchas veces que el día de su boda sería el "día más feliz de su vida". ¡Realmente esperábamos que eso no fuera cierto! Cada día después de la boda ha sido uno en el que nos comprendemos mejor el uno al otro y en el que avanzamos en nuestra adaptación y servicio mutuo. Cada día ha sido un día más para aprender y disfrutar más de los frutos del arrepentimiento y el perdón.

Es posible que nuestra actitud tenga que ver con un comentario improvisado que hizo R.C. Sproul, el pastor que ofició nuestra boda. Dijo: "Vesta y yo hemos estado casados por quince años, y creemos que apenas le estamos encontrando el truco". A primera vista, esta podría ser una declaración intimidante. ¿Quince años de matrimonio y *apenas* le están encontrando el truco? Pero ahora, desde la posición privilegiada de nuestros cuarenta y cinco años de matrimonio, nos inclinamos a pensar que él subestimó la cantidad de tiempo que se necesita para entender el corazón y los ritmos de vida del otro, para practicar la abnegación a fin de beneficiar la salud de la relación, y para crecer en el conocimiento de los lenguajes del amor del otro. Pero ya sea que la curva de aprendizaje sea larga o corta, todo matrimonio debe comenzar correctamente para poder construirse correctamente. Hemos considerado algunos hábitos, prácticas, comportamientos y actitudes fundamentales (aunque hay más) que deberían establecerse al comienzo.[18]

1. Nunca se vayan a dormir enojados. Se ha vuelto una frase cliché, pero hay una fuerte razón bíblica detrás de este principio. Es la instrucción de Pablo en Efesios 4:26: "No permitan que el enojo les dure hasta la puesta del sol". Eso significa que, en vez de reprimir y esconder su infelicidad, tú y tu cónyuge deben volverse expertos en un nuevo conjunto de habilidades. Primero, deben expresar lo que les está molestando de una forma veraz, pero sin atacar. Segundo, deben aprender a arrepentirse sinceramente por herir a su cónyuge, pero sin excusarse ni empezar a autocondenarse tanto que el cónyuge diga: "Olvídalo; no te lo hubiera dicho". Tercero, deben aprender a dar y recibir perdón.

En círculos médicos se cree ampliamente que el sueño es el tiempo en el que lo que aprendemos y experimentamos durante el día se organiza y se integra a nuestra memoria, lo cual afecta nuestros hábitos. Si vas a la cama enojado con tu cónyuge, vas a alimentar una actitud de resentimiento. Si lo haces repetidamente, se formará una ira profunda, e incluso un odio hacia él o ella. ¿Cómo se puede evitar esto de irse a dormir enojados? Lee el número 2.

2. Hagan que sus últimas palabras del día sean una oración. Es muy difícil orar cuando estamos enojados (o al menos no es tan fácil).

Aunque solo pasen cinco minutos pidiéndole a Dios Su bendición sobre la familia y sus vidas, tendrán que renunciar a su ira para poder entrar a la presencia de Dios.

3. Dense sexo el uno al otro con frecuencia. ¡Esto le parecerá demasiado obvio a los recién casados! Sin embargo, la energía sexual es como cualquier otra energía, y cuando uno está cansado es fácil olvidar o posponer el sexo para "un mejor momento". La falta del toque íntimo puede causar distancia entre los cónyuges. Usamos la palabra "dense" intencionalmente. Todos hemos llegado a creer el mito de que los dos cónyuges siempre tienen arrebatos simultáneos de pasión, cuando la verdad es que usualmente hay una persona que está más interesada en tener sexo que la otra. En esas ocasiones, el cónyuge menos interesado puede *dar* sexo como un regalo. El apóstol

Pablo, aun siendo soltero, convierte esto en un mandato bíblico que desafía la cultura:

> El hombre debe cumplir su deber conyugal con su esposa, e igualmente la mujer con su esposo. La mujer ya no tiene derecho sobre su propio cuerpo, sino su esposo. Tampoco el hombre tiene derecho sobre su propio cuerpo, sino su esposa. No se nieguen el uno al otro, a no ser de común acuerdo, y solo por un tiempo, para dedicarse a la oración. No tarden en volver a unirse nuevamente; de lo contrario, pueden caer en tentación de Satanás, por falta de dominio propio (1 Corintios 7:3-5).

En un mundo donde los hombres tenían todos los privilegios sexuales, Pablo insiste en que los esposos y las esposas tienen derechos iguales sobre el cuerpo del otro y en que no es bueno negarse el uno al otro, a menos que sea por común acuerdo y solo por un breve período de tiempo.

4. Tomen decisiones de forma intencional acerca de su vida familiar y sus tradiciones. Ustedes crecieron observando a sus padres o a otros adultos en sus roles como hombres y mujeres, como esposos y esposas, como padres, como abuelos, y así sucesivamente. Es inevitable que lleguen a su propio matrimonio asumiendo inconscientemente esos prototipos. "*Así* es como un esposo trata a su esposa. *Esta* es la forma en que celebramos las fechas especiales. Ir de vacaciones *siempre* significa ir a la playa". Estas suposiciones afectarán su vida juntos en las cosas grandes y en las pequeñas, así que es mejor hablar sobre estas cosas, examinar las diferentes posibilidades y decidir como pareja cómo harán las cosas en su nueva familia.

Cuando nos casamos, Kathy tenía en su mente la imagen de un padre que preparaba el desayuno los sábados para que su esposa pudiera dormir hasta tarde, y que también era experto en cambiar pañales (¡con cinco hijos había practicado bastante!). Tim, por su parte, había vivido en una familia en la que su padre tenía que llegar al trabajo a las 5:00 a.m. y que regresaba exhausto en la noche. Debido a esta jornada tan larga para proveerle a su familia, a él no se le pedía que ayudara de otra forma en la casa. Poco después del nacimiento de nuestro primer hijo, los padres de Tim hablaron con él. Estaban preocupados porque pensaban que Kathy lo estaba "mangoneando" por haberle pedido que cambiara el pañal del bebé. Él les dijo firmemente: "Mamá y Papá, gracias por preocuparse, pero en nuestra familia hacemos las cosas de una forma diferente a como lo hicieron ustedes". ¿Los regalos de Navidad se abren el 24 o el 25 de diciembre? Ustedes lo deciden juntos. ¿Se puede prender el televisor o poner música a primera hora de la mañana? (¡Kathy dio un chillido cuando Tim prendió la radio la primera mañana que despertamos juntos en nuestro apartamento! ¡Debimos haber hablado antes sobre ese tema!)

No estamos hablando de la práctica odiosa de negociar todas las tareas y llevar un registro para ver quién cumple su parte del trato. En otro libro hablamos más detalladamente sobre los roles masculinos y femeninos en el matrimonio. Aquí estamos hablando de crear nuevas tradiciones que se adapten a su nueva familia, en vez de hacer suposiciones sobre cómo se deben hacer las cosas basándose en sus experiencias previas.

5. Finalmente, ***aprendan los "lenguajes del amor" del otro.*** Uno de los libros más importantes que hemos leído es *How Do You Say "I Love You"?* [¿Cómo dices "te amo"?] de Judson Swihart.[19] Al comienzo del libro, el autor da una ilustración de un hombre que habla alemán y que le dice *"Ich liebe dich"* a una mujer que solo habla francés. Él la está amando, pero ella no siente el amor porque él no se lo está comunicando en un lenguaje que ella entienda. Dice que es algo natural, porque "la mayoría de personas solo hablan los lenguajes que ellos mismos entienden".[20]

Luego continúa argumentando —con mucha razón, según nuestra experiencia— que cada uno tiene ciertas formas en las que quiere que se le exprese amor. En nuestra consejería prematrimonial, R.C. nos contó esta historia de su propio matrimonio como ilustración. En uno de sus cumpleaños, estaba esperando que le regalaran un nuevo set de palos de golf, algo que él nunca habría comprado para sí mismo. Sin embargo, su práctica esposa, Vesta, le compró seis camisas blancas. Cuando ella cumplió años, él la sorprendió con un abrigo elegante, seguro de que estaría encantada. Pero lo que ella quería realmente era una lavadora. Habían pasado por alto el lenguaje del amor del otro porque solo hablaban el suyo propio.

En nuestro caso, que Tim ayude a Kathy proactivamente con sus tareas domésticas es mucho más valioso para ella que cuando le dice verbalmente lo mucho que la ama o le compra un regalo. En otras palabras, cuando él "dice" que la ama de esa manera, ella se siente mucho más amada que si lo expresara de otra forma. Él habla su lenguaje. Swihart y otros autores dan toda una lista de los "lenguajes del amor": pasar tiempo juntos, suplir necesidades emocionales, decirlo con palabras, decirlo con contacto físico, estar del mismo lado, sacar lo mejor del otro, entre otros. Es crucial que descubras los lenguajes más valiosos para tu cónyuge y que los domines, aunque no sean tan importantes para ti.

Hablen, pónganse de acuerdo, comiencen a hacer estas cinco cosas, ¡y su matrimonio estará bien encaminado!

Mantener
un matrimonio

La Biblia comienza con una boda en Génesis y termina con la cena de las bodas del Cordero en Apocalipsis. La perspectiva cristiana es que el matrimonio nos apunta hacia Dios y el evangelio, pero la fuente de los mejores recursos para el matrimonio es precisamente el evangelio. Esto es el primer matrimonio descrito en Génesis 2:

> Luego Dios el Señor dijo: "No es bueno que el hombre esté solo. Voy a hacerle una ayuda adecuada". Entonces Dios el Señor formó de la tierra toda ave del cielo y todo animal del campo, y se los

llevó al hombre para ver qué nombre les pondría. El hombre les puso nombre a todos los seres vivos, y con ese nombre se les conoce. Así el hombre fue poniéndoles nombre a todos los animales domésticos, a todas las aves del cielo y a todos los animales del campo. Sin embargo, no se encontró entre ellos la ayuda adecuada para el hombre. Entonces Dios el Señor hizo que el hombre cayera en un sueño profundo y, mientras este dormía, le sacó una costilla y le cerró la herida. De la costilla que le había quitado al hombre, Dios el Señor hizo una mujer y se la presentó al hombre, el cual exclamó: "Esta sí es hueso de mis huesos y carne de mi carne. Se llamará 'mujer' porque del hombre fue sacada". Por eso el hombre deja a su padre y a su madre, y se une a su mujer, y los dos se funden en un solo ser. En ese tiempo el hombre y la mujer estaban desnudos, pero ninguno de los dos sentía vergüenza (Génesis 2:18-25).

Observemos este pasaje para encontrar lo que necesitamos para un buen matrimonio a largo plazo, de varias décadas. Nos habla de tres cosas que necesitamos.

Evitar la idolatría

En las bodas, es común que la novia camine hacia el novio, a menudo acompañada de su padre, o de ambos padres o de alguna otra persona. Génesis 2 nos muestra que la tradición se extiende desde el jardín del Edén. En este caso es Dios quien lleva a la esposa hacia el esposo.

Sobre el matrimonio

Cuando Adán mira a Eva, le dedica una poesía, la primera registrada en la Biblia. En la mayoría de Biblias se diseña en la página como un poema, en forma de verso. El hombre prorrumpe en una canción al ver a su esposa.

En hebreo, su primera palabra significa "por fin". Está diciendo: "Es lo que he estado buscando. Es lo que me hacía falta". Pero ¿qué es? Dice que ella es "hueso de mis huesos y carne de mi carne". Es una forma de decir: "He descubierto quién soy gracias a ti. Al fin, al conocerte me puedo conocer a mí mismo". Recuerda que Adán está hablando en el paraíso, donde tiene una relación perfecta con Dios. Aun así, encontrar un cónyuge y compañero es algo tan profundo para nosotros que Adán estalla en adoración a través de la expresión artística. Esto apunta a un hecho importante que debemos entender si queremos tener un matrimonio exitoso a largo plazo.

John Newton, reconocido por ser el escritor del himno "Sublime gracia", además fue un pastor sabio en Gran Bretaña en el siglo dieciocho. Él le escribió una serie de cartas a una pareja joven que apenas comenzaba su matrimonio. Solía aconsejar a recién casados diciéndoles que uno pudiera pensar que un mal matrimonio es el mayor problema que pudiéramos tener, pero que en realidad un buen matrimonio podría ser igual de peligroso espiritualmente.

Con un compañero tan agradable, tu principal peligro podría estar en ser demasiado feliz. La triste realidad es que, en tiempos de prosperidad, el engaño de nuestro corazón nos expone al peor de los males: alejarnos de la fuente de agua viva y sentarnos junto a cisternas rotas. Permítanme decirles, sí, a ambos: tengan cuidado con la idolatría. Yo he sufrido por ella; me ha afligido con muchos temores imaginarios y ha sido causa de humillación y dolor… La vieja levadura —una tendencia al pacto de obras— todavía se aferra a mí.[1]

¿De qué está hablando? Está usando imágenes bíblicas. Las cisternas eran tanques abiertos hechos de piedra o yeso en tiempos antiguos, y se usaban para recolectar agua de lluvia y así tenerla disponible en las casas. Pero cuando la cisterna estaba agrietada, el agua se filtraba y no podía solucionar el problema de la sed. "Cisternas rotas" (Jeremías 2:13) era una metáfora que los profetas usaban para describir cómo buscamos nuestra satisfacción y seguridad más profunda no en Dios, sino en las cosas de este mundo. Jesús le dijo a la mujer samaritana que la única fuente de satisfacción definitiva no era el romance ni el matrimonio, sino Él mismo (Juan 4:14), la fuente de "agua viva".

Newton está diciendo que los buenos matrimonios corren el gran riesgo de hacer que el corazón se aleje de Dios y de convertir al cónyuge en la fuente principal de amor, seguridad y alegría. No solo eso, sino que Newton habla de que un buen matrimonio puede ser la causa de una recaída en el "pacto de obras". ¿Qué significa eso?

Un "pacto de obras" es un término teológico antiguo que se refiere a un sistema en el que te ganas la salvación por medio de tus obras. Te dices a ti mismo: "La razón por la que Dios me bendecirá y me llevará al cielo es porque estoy viviendo una vida correcta y me lo merezco". El evangelio cristiano se opone completamente a esta mentalidad. Se nos dice: "Porque por gracia ustedes han sido salvados mediante la fe; esto no procede de ustedes, sino que es el regalo de Dios, no por [buenas] obras, para que nadie se jacte" (Efesios 2:8-9).

Al ser un pastor anglicano, John Newton conocía perfectamente estas verdades, al menos teóricamente. Pero, en la práctica, la idolatría a su esposa y su matrimonio lo llevó a caer en un pacto de obras. Y eso nos puede suceder a nosotros. Buscarás a tu cónyuge para que te dé cosas que solo Dios puede darte. Puedes llegar a creer que el amor, el respeto y la afirmación de tu cónyuge son los que determinan tu valor e identidad. En cierto sentido, estás cayendo en el pacto de obras.

Es fácil que esto ocurra porque el matrimonio es algo maravilloso. Y es fácil convertir algo grandioso en lo más importante de tu vida.

Tal como dice Newton, causa muchos temores, humillación y dolor. ¿Por qué? Porque le pones una presión intolerable a tu cónyuge para que siempre esté saludable, alegre, feliz contigo y dándote aprobación. Pero nadie puede cargar el peso de ese nivel de expectativa. Las críticas de tu cónyuge pueden aplastarte. Los problemas con tu cónyuge pueden llegar a devastarte. Si algo anda mal con tu pareja, tu vida podría comenzar a colapsar. Y si tu cónyuge muere, ¿cómo puede ese "dios" consolarte con amor si él o ella está en una tumba?

Entonces ¿qué podemos hacer? No es que debes amar menos a tu cónyuge o a la persona con la que te vas a casar. Más bien, debes aumentar tu amor por Dios. C.S. Lewis dice que probablemente sea imposible amar demasiado a un ser humano. Puedes amarlo demasiado en comparación con tu amor por Dios, pero el problema no es la grandeza de tu amor por la persona, sino la pequeñez de tu amor por Dios. El matrimonio será nuestra ruina a menos que tengamos una verdadera relación de amor con Dios.[2]

Las sociedades tradicionales piensan que no eres nadie a menos que te cases con alguien, pero la fe cristiana comenzó con un hombre soltero. En 1 Corintios 7, Pablo dice básicamente: "¿Quieres casarte? Genial. ¿No quieres casarte? Genial". Pablo está diciendo que la relación que todo cristiano tiene con Dios por medio de Cristo es tan íntima, y que la relación entre los hermanos cristianos en la familia de Dios puede ser tan estrecha, que ningún soltero debe ser visto como alguien que no tiene conexiones familiares o que se está perdiendo del amor más grande de todos.

Así que lo primero que necesitamos para tener un *gran* matrimonio, paradójicamente, es entender que debe ocupar un segundo lugar. Pero esto es solo lo primero que necesitamos.

Paciencia para un viaje largo

En Génesis 2:18 leemos: "Luego Dios el Señor dijo: 'No es bueno que el hombre esté solo. Voy a hacerle una ayuda adecuada'". La palabra hebrea "*ezer*", traducida como "ayuda", se usa con frecuencia en la Biblia para referirse a refuerzos militares. Imagina que formas parte de una tropa pequeña agobiada por fuerzas enemigas que son mucho más grandes. De repente, ves que vienen refuerzos para fortalecerte en la batalla. ¡Imagina tu alivio y alegría! Sin ellos, te habrían derrotado. Ese es el sentido de la palabra aquí, y en varias partes de la Biblia se usa para referirse a Dios. Por lo tanto, "ayuda" no significa "asistente", sino más bien alguien que tiene una fuerza suplementaria que tú no tienes. Esa es la palabra que se usa para la mujer, la esposa en la primera relación de matrimonio.

Pero hay otra palabra: "adecuada". Algunos han traducido este versículo como "voy a hacerle una ayuda *a su medida*". La versión más antigua y popular traduce las palabras de Dios como: "… le haré ayuda *idónea* para él". La expresión "ayuda idónea" es bien conocida entre los cristianos para referirse a la esposa.

Pero debemos ir más allá para entender el significado completo del versículo original en hebreo. En la parte del versículo traducida como "voy a hacerle una ayuda adecuada", en realidad hay dos palabras en la frase en hebreo que se traducen como "adecuada". En hebreo dice literalmente: "Voy a hacerle una ayuda *similar opuesta*". Nuestra primera impresión es que es una contradicción —¿es "similar" o es "opuesta"? Pero podríamos entenderlo mejor si pensamos en dos piezas de un rompecabezas. Estas piezas no encajarán si son idénticas y tampoco si son diferentes aleatoriamente. Solo encajarán perfectamente y formarán una unidad si son diferentes *adecuadamente*, diferentes de una forma en la que se correspondan y se complementen.

Dios trae a la vida de Adán (y, por tanto, también trae a la vida de Eva) a alguien con un poder enorme, pero un poder que es diferente. "Similar opuesto", entre otras cosas, habla de algo que no es intercambiable. Cada género tiene excelencias y glorias, perspectivas y poderes, que el otro no tiene. Por medio del matrimonio, una persona que es profunda y misteriosamente diferente a ti entra a tu vida.

Muchas personas han intentado definir la masculinidad y la feminidad con una lista de características específicas. Pero desde que tratas de hacer una lista, te das cuenta de que no aplica para todas las culturas, ni siquiera para todos los temperamentos. Sobre todo, la Biblia no nos da una lista de rasgos masculinos y femeninos. Sin embargo, en la Escritura se asumen diferencias de género, incluyendo aquí en Génesis 1 y 2. El mensaje del texto es que solo podrán manejar la vida como pareja casada si lo hacen juntos, uniendo todos los atributos masculinos con todos los atributos femeninos. El trasfondo militar de la palabra "ayuda" nos da a entender esto. La única manera en la que no serán derrotados es permaneciendo juntos.

Nosotros —Tim y Kathy— no encajamos en los estereotipos de género. Según los estándares tradicionales, podríamos decir que Tim no es muy masculino y que Kathy no es extremadamente femenina. Sin embargo, poco después de casarnos comenzamos a darnos cuenta de que a menudo veíamos el mundo de una forma muy diferente, y esas diferencias no podían atribuirse siempre a nuestro temperamento, familia, clase social o etnia. Por ejemplo, a Kathy le sorprendió la habilidad de Tim de poner sus sentimientos y temores a un lado con el fin de enfocarse en la tarea urgente que tuviera que hacer. Aunque ella, como mujer, por supuesto era más que capaz de concentrarse, Tim lo hacía de una forma muy diferente. Kathy ha visto cosas en Tim que él nunca había visto, y las ve porque es de un género diferente y porque está lo suficientemente cerca para notarlas.

A medida que han pasado los años, podemos ver más formas en las que nuestro matrimonio nos ha convertido en dos partes unidas de un rompecabezas que forman un todo más grande. Ahora, cuando algo le sucede a Tim y solo tiene un instante para reaccionar, es consciente de lo que Kathy pensaría, diría o haría en esa situación. Tim ha convivido tanto con su esposa que ya conoce la perspectiva de ella. Eso significa que su repertorio de posibles respuestas ya no incluye solo las suyas, sino también las de ella. En ese instante puede pensar: *Sé lo que haría Kathy. ¿Es esa una acción más sabia y apropiada que la mía?* Y ahora, frecuentemente hace las cosas a la manera de Kathy.

Podríamos decir que su portafolio de sabiduría se ha diversificado permanentemente. Es una persona diferente y, sin embargo, sigue siendo él mismo. No se ha vuelto más femenino. De hecho, es probable que en muchas formas se haya vuelto más masculino con el paso del tiempo. ¿Qué está sucediendo? Kathy llegó a la vida de Tim y ahora él no solo entiende mejor quién él es a través de los ojos de ella, sino que también ha crecido. Se ha convertido en quien debe ser solo por medio de las interacciones diarias, a menudo dolorosas, con una persona que es como él, que no es él, que es opuesta a él y que tiene cerca.

Tal vez sobre decir —pero debemos decirlo de todas formas— que el esposo también es una ayuda para su esposa. Adán también debe usar sus recursos masculinos para ayudar a Eva a ser lo que debería ser. En Efesios 5:25-27 dice que los esposos deben amar a sus esposas sacrificialmente como Cristo nos amó y, con ese mismo propósito, ayudar a sus esposas a volverse radiantes y hermosas, superando sus fallas y defectos. En cierto sentido, es Génesis 2 a la inversa. Los esposos deben usar sus recursos masculinos para ayudar a sus esposas a convertirse en lo que Dios quiere que sean, así como las esposas deben usar sus recursos femeninos para ayudar a sus esposos.

Pero todo esto conlleva un camino largo, un proceso extenso. Las personas no cambian y se convierten en lo que deben ser de la noche a la mañana. Debemos usar nuestros diferentes dones y amarnos unos a otros sacrificialmente para ayudarnos mutuamente a crecer y progresar durante toda la vida.

Cabe destacar que esta no es la perspectiva del matrimonio que está en aumento en nuestra cultura. Hoy somos consumidores. Los consumidores siempre hacen un análisis de costo-beneficio instintivamente. La lógica del mercado —de invertir y comprar y vender por las ganancias— ha invadido cada área de nuestra vida, incluyendo el matrimonio. Así que buscamos un cónyuge que supla nuestras necesidades, que no requiera demasiada atención, que no trate de cambiarnos y que sea compatible con nosotros en todos los sentidos.

Si nos casamos con alguien "similar opuesto" a nosotros, que comienza a decirnos cosas sobre nosotros que no queremos escuchar, decimos: "Esto no está bien. Se supone que todo debería ser maravilloso. ¿Por qué siempre tenemos estas confrontaciones?". La respuesta es: porque estás recibiendo *ayuda*. Y es solo después de sobrepasar esta incomodidad que serás la persona que Dios quiere que seas.

Estas dos primeras cosas que necesitamos —evitar la idolatría y ser pacientes para un viaje largo y a veces difícil— pudieran parecer problemas opuestos. Por un lado, tienes que evitar una ingenuidad romántica que pone a tu cónyuge en un pedestal. Por otro lado, tienes que evitar la ira que sientes al entender lo mucho que cuesta amar a alguien tan diferente, que te dice cosas que no quieres oír. En la mitología griega, Ulises tuvo que navegar en barco entre dos monstruos llamados Escila y Caribdis que se encontraban uno frente al otro. Si te acercabas demasiado a uno, el gran peligro era que al corregir tu trayectoria podías quedar cerca del otro. Ciertamente, muchas personas han abandonado la idolatría del matrimonio solo para caer en un profundo desencanto.

¿Qué se necesita para evitar ambos "monstruos"? ¿Cómo podemos evitar tener expectativas demasiado altas o demasiado bajas del matrimonio?

La gozosa humildad que solo el evangelio puede dar

Génesis 2:18 dice: "Luego Dios el Señor dijo: 'No es bueno que el hombre esté solo. Voy a hacerle una ayuda adecuada'". Esta declaración es sorprendente. ¿Por qué Adán estaría solo e infeliz en el paraíso, antes de que existiera el pecado en el mundo? Si tenía una relación perfecta con Dios, ¿cómo podía sentirse solo? En realidad, solo hay una posible respuesta. Dios hizo que Adán necesitara a alguien más aparte de Él. Por supuesto, esto no significa que la necesidad *suprema* de amor en nuestro corazón la pueda llenar alguien aparte de Dios. Eso es imposible. Lo que significa es que Dios nos diseñó para que también necesitemos el amor humano.

Considera este acto tan humilde y desinteresado por parte de Dios. Él creó a los seres humanos para que necesitaran relacionarse no solo con Él, sino con otras personas, con otros corazones. La idea de que Dios creó a las personas para que Él no se sintiera solo o para tener alguien a quien amar o porque necesita que lo adoren es claramente falsa. Pero este acto no es nada comparado con la humildad y el amor sacrificial que Dios nos muestra más adelante en la Biblia, cuando dice repetidamente por medio de profetas como Isaías, Jeremías y Oseas: "Yo soy el Novio, y ustedes, Mi pueblo, son la novia".

El lenguaje del "Novio" significa que solo en Dios tendrás el amante y cónyuge que te satisfará completamente. Él es la "ayuda idónea" suprema. Martín Lutero escribió sobre esto cuando dijo:

Castillo fuerte es nuestro Dios,
  baluarte que nunca falla;
ayuda nuestra es Él,
  venciendo todo mal mortal.[3]

Él es nuestra ayuda en medio de todos los males mortales, porque es "similar opuesto" a ti. Es similar porque has sido creado a Su imagen, eres personal y relacional como Él. Pero Él no es como tú porque es perfectamente santo. Nunca te convertirás en la persona que debes ser a menos que Él entre a tu vida. Y llamarlo nuestro "Novio" significa que no puede ser simplemente un ente en el que crees de forma abstracta, ni siquiera una simple deidad cuyas reglas obedeces. Debe haber intimidad en tu relación. Debe haber interacción. Debe hablarte por medio de Su Palabra y tú debes derramar tu alma ante Él en oración y adoración. Su amor conyugal debe ser derramado en tu corazón por medio del Espíritu Santo (Romanos 5:5). La única forma en la que podrás evitar convertir a tu cónyuge humano en un ídolo y salvador es que Dios esté en tu vida como tu Novio.

La imagen del "Novio" también implica que en Dios tienes el cónyuge más paciente y perseverante que jamás haya existido.

El tema de Dios como el Novio de Su pueblo se extiende por toda la Biblia. En el Antiguo Testamento, Dios se llama a Sí mismo el Esposo de Israel. Pero Israel decidió apartarse de Él una y otra vez para adorar a otros dioses y, al hacerlo, se le llama culpable de adulterio espiritual.

Sobre el matrimonio

Jeremías 2 – 3 y Ezequiel 16 son descripciones vívidas de este "mal matrimonio", aunque la exposición más famosa de este tema se encuentra en el libro de Oseas. Allí, Dios le dice a Su profeta que se case con Gómer, una mujer que le sería infiel a Oseas, "porque el país [Israel] se ha prostituido por completo. ¡Se ha apartado del Señor!" (Oseas 1:2).[4] Y esto es lo que sucede. Ella va detrás de otros amantes.

La parte más famosa y conmovedora de la historia está en el tercer capítulo. Gómer no solo ha sido infiel, sino que parece que ha caído en prostitución, porque la única manera en la que Oseas puede tomarla de nuevo es comprándosela a un hombre que se adueñó de ella. Dios le dice a Oseas que lo haga. Oseas escribe:

Me habló una vez más el Señor, y me dijo: "Ve y ama a esa mujer adúltera, que es amante de otro. Ámala como ama el Señor a los israelitas, aunque se hayan vuelto a dioses ajenos y se deleiten con las tortas de pasas que les ofrecen". Compré entonces a esa mujer por quince monedas de plata y una carga y media de cebada, y le dije: "Vas a vivir conmigo mucho tiempo, pero sin prostituirte. No tendrás relaciones sexuales con ningún otro hombre. ¡Ni yo te voy a tocar!" (Oseas 3:1-3).

Esto es más que una simple historia conmovedora sobre un amor perseverante. Dios da a entender que, así como amar a un cónyuge descarriado conlleva un gran sacrificio, mantener Su amor por nosotros será costoso e implicará un gran sacrificio para Él. Y esto lo vemos claramente en la vida y muerte de Jesús.

Sobre el matrimonio

En Mateo 9, cuando los líderes religiosos le preguntaron a Jesús: "¿Cómo es que Tus discípulos no ayunan?", Él les respondió: "¿Acaso pueden estar de luto los invitados del novio mientras él está con ellos?". El ayuno era un rito religioso que se acompañaba de arrepentimiento y oración. Jesús respondió con una ilustración que se basaba en el hecho evidente de que cuando vas a una fiesta de bodas, no ayunas. (Incluso puedes tomarte unas vacaciones de tu dieta.) Pero cuando Jesús se llamó a Sí mismo *el Novio*, los oyentes debieron comprenderlo. Todos sabían que el Novio de Israel era el Señor Dios mismo —y eso fue lo que Jesús afirmó que era. Luego, Jesús agregó: "Llegará el día en que se les quitará el Novio; entonces sí ayunarán" (Mateo 9:15). Estaba diciendo dos cosas sobre Sí mismo: primero, que es nuestro Novio divino y, segundo, que vino a morir por nosotros y que nos sería quitado.

Lo que ilustra el libro de Oseas lo vemos continuamente en el Nuevo Testamento. Dios es el amante y cónyuge de Su pueblo, pero nosotros hemos hecho del matrimonio algo horroroso. Dios está en el peor matrimonio y el más largo de la historia del mundo. Hemos ido tras los ídolos de nuestro corazón, nos hemos alejado de Él, hemos sido cónyuges absolutamente espantosos. Pero Dios no nos abandona.

En Jesucristo, Dios entró al mundo y pagó el precio para comprarnos y librarnos de nuestro pecado y esclavitud al morir en la cruz. En esencia, Dios nos dice en la Biblia: "En Jesucristo entregué Mi vida por ti. Hice cósmica y visiblemente lo que tú tienes que hacer cada vez que tratas de amar a alguien imperfecto. Fue un sacrificio sustitutivo. Tu pecado, tu maldad, tus problemas estuvieron sobre Mí para que Mi justicia pudiera estar sobre ti. ¿Entiendes eso? Ahora entiendes lo mucho que te amo. Ahora entiendes que me deleito en ti". Ese mensaje es el poder más transformador y potente de todo el mundo.

¿Ves cómo podemos tener el mayor aliento posible para el viaje largo del matrimonio? Recuerda que Jesús vino "a los Suyos" pero los Suyos no le recibieron (Juan 1:11). No solamente lo rechazamos, sino que lo clavamos en la cruz. Algunos de ustedes podrían estar en malos matrimonios y pensar: "Ay, mi cónyuge me está crucificando", pero en el caso de Dios, realmente sucedió. Sin embargo, Jesús nos amó no porque fuéramos buenos, sino para hacernos buenos. Él nos amó para *nuestro beneficio,* no para el Suyo, y por eso permaneció y nos amó. Cada vez que estés listo para rendirte porque tu cónyuge es difícil, recuerda la paciencia que Jesús ha tenido contigo. Para poder mantener tu matrimonio necesitas mirar a tu cónyuge una y otra y otra vez y decirle: "Me fallaste, pero yo le fallé a mi gran cónyuge, Jesucristo, y Él me sigue cubriendo y perdonando, así que Su amor por mí hace que pueda ofrecerte lo mismo". Es la única forma en la que tendrás paciencia durante el viaje.

Y, volviendo al primer punto, conocer el amor conyugal de Cristo también es la clave para evitar la idolatría. En el ensayo clásico de Martín Lutero, "Sobre la libertad del cristiano", él escribe:

> La tercera gracia incomparable de la fe es esta, que une el alma a Cristo como una esposa se une a su esposo... Luego sigue que todo lo que tienen pasa a ser de los dos, tanto lo bueno como lo malo, de modo que todo lo que le pertenece a Cristo, el alma creyente puede tomarlo para sí y jactarse como si fuera suyo, y

todo lo que le pertenece al alma, Cristo lo reclama como Suyo… Deja que entre la fe, y el pecado, la muerte y el infierno pasarán a ser de Cristo, mientras que el alma recibirá gracia, vida y salvación. Pues si Él es un esposo, debe tomar las necesidades de Su esposa sobre Sí mismo y, al mismo tiempo, impartir a Su esposa lo que es Suyo… [Así que] por medio del anillo de bodas que es la fe… el alma creyente… pasa a ser libre de todo pecado, audaz ante la muerte, protegida del infierno y equipada con la justicia, vida y salvación eternas de nuestro esposo, Jesucristo.

¿Quién puede valorar lo suficiente estas nupcias reales? ¿Quién puede comprender las riquezas de la gloria de Su gracia? Con todo esto, entenderás de nuevo por qué se le atribuye tanta importancia a la fe, pues solo ella puede cumplir la ley y justificar sin obras.⁵

Lutero tiene razón al decir que nadie puede "valorar lo suficiente estas nupcias reales", pero debemos intentarlo. Debemos pensar, disfrutar, deleitarnos y alegrarnos diariamente en el amor conyugal de Cristo, al punto de que sea un deleite cada vez mayor. Eso nos librará de idolatrar el amor humano que necesitamos de nuestro cónyuge y también nos dará la "gracia, vida y salvación" que solo se pueden encontrar en Jesús mismo. Este cónyuge, Jesucristo, es el único cónyuge que realmente te va a salvar. Es el único que realmente puede satisfacerte.

Tu matrimonio con Él es el fundamento más seguro que puedes tener para tu matrimonio con cualquier persona.

El destino del matrimonio

Después oí voces como el rumor de una inmensa multitud, como el estruendo de una catarata y como el retumbar de potentes truenos, que exclamaban: "¡Aleluya! Ya ha comenzado a reinar el Señor, nuestro Dios Todopoderoso. ¡Alegrémonos y regocijémonos y démosle gloria! Ya ha llegado el día de las bodas del Cordero. Su novia se ha preparado, y se le ha concedido vestirse de lino fino, limpio y resplandeciente".

— Apocalipsis 19:6-8

Después vi un cielo nuevo y una tierra nueva, porque el primer cielo y la primera tierra habían dejado de existir, lo mismo que el mar. Vi además la ciudad santa, la nueva Jerusalén, que bajaba del cielo, procedente de Dios, preparada como una novia hermosamente vestida para su prometido.

— Apocalipsis 21:1-2

El matrimonio es un viaje del cual se ha dicho tradicionalmente que tiene un final: "Hasta que la muerte nos separe". En un sentido, la muerte sí termina un matrimonio. El cónyuge que aún vive es libre para volverse a casar, por ejemplo. Sin embargo, el entendimiento cristiano es que el matrimonio nos prepara para una unión eterna, de la cual nuestro matrimonio terrenal fue solo una muestra. Y aun la relación entre dos cristianos casados aquí en este mundo no se debe ver como algo que termina ni mengua con la muerte.

Para entender el verdadero destino del matrimonio, necesitamos reflexionar en el sexo, en la meta de la historia universal y en la misma resurrección.

La señal del sexo

Muchas personas han observado que la Biblia no es un libro mojigato. A menudo celebra la belleza y los placeres del amor sexual, como vemos en Proverbios 5:18-20 —donde se le dice a un esposo que busque su satisfacción en los pechos de su esposa— o en todo el libro de Cantar de los cantares. Pero al hablar sobre el sexo, la Biblia va más allá de la franqueza e incluso de la diversión. Llega hasta la gloria.

En Romanos 7, el apóstol Pablo compara a los cristianos con una mujer que se ha casado "con la ley". Es decir, hemos estado tratando de salvarnos a nosotros mismos por medio de nuestro desempeño, ya sea con el cumplimiento religioso de la ley moral de Dios, o procurando riquezas y éxito, o sirviendo a una causa. Pero cuando creemos en Cristo, nos casamos con el "que fue levantado de entre los muertos. De este modo daremos fruto para Dios" (Romanos 7:4). Esta imagen es poderosa. Así como una esposa se entrega a su esposo y luego traen hijos al mundo por medio de su cuerpo, nosotros nos entregamos a Jesús y también damos fruto, el cual se evidencia en la transformación de nuestras vidas (Gálatas 5:22-23) y en las buenas obras que cambian las vidas de otros (Colosenses 1:6, 10).[1]

Algunos comentaristas han luchado con la imagen que Pablo presenta aquí, llamándola "indecorosa", y la realidad es que es un poco chocante.[2] Pero la metáfora parece lo suficientemente clara. Hay un sentido en el que la sexualidad entre los cónyuges, con la cual se pueden crear vidas, apunta a la relación máxima de amor que tenemos con Jesucristo. Nuestra unión con Él por medio de la fe nos permite experimentar el amor de forma suprema, lo que a su vez puede producir un fruto transformador y generador de vida. Pablo está diciendo que así como esa relación comienza ahora, también podemos comenzar a dar fruto. Pero la Biblia nos dice en otra parte que la comunión con Cristo y el amor que Él nos muestra ahora es solo un destello tenue de lo que será verlo cara a cara (1 Corintios 13:12).

La Biblia dice que actualmente conocemos a nuestro cónyuge solo por fe, no por vista (2 Corintios 5:7). El amor que experimentamos aquí solo puede ser parcial. Pero cuando lo veamos cara a cara, nuestra transformación por Su amor y la satisfacción de nuestro ser será completa (1 Juan 3:2-3).

Sobre el matrimonio

¿Qué significan todos estos pasajes sobre Jesús como nuestro Esposo y Novio? Significan al menos esto: que el sexo en el matrimonio apunta a la alegría de ese mundo futuro de amor perfecto, pues es una muestra de esa alegría. En el cielo, cuando lo conozcamos directamente, entraremos en una unión de amor con Él y con todas las demás personas que lo aman. En ese gran día veremos que el sexo más apasionado entre un hombre y una mujer solo es un pequeño reflejo del deleite profundo, de la alegría enorme y de la seguridad plena que experimentaremos.

Como vimos antes, 1 Corintios 6 nos dice que el sexo fuera del matrimonio es malo. Pero en este texto, Pablo no solo da una simple prohibición sino que explica *por qué* es malo para un cristiano.

Pero el que se une al Señor se hace uno con Él en espíritu. Huyan de la inmoralidad sexual... el que comete inmoralidades sexuales peca contra su propio cuerpo. ¿Acaso no saben que su cuerpo es templo del Espíritu Santo, quien está en ustedes y al que han recibido de parte de Dios? Ustedes no son sus propios dueños (1 Corintios 6:17-19).

Pablo nos recuerda (tal como lo hace en Romanos 7:4) que estamos casados con Cristo y que el Espíritu Santo ahora mora en nosotros. Por lo tanto, considera que no debemos hacer nada sexualmente con nuestro cuerpo que no refleje y muestre esa relación con Él. Cuando nos unimos con Cristo, nos entregamos total, exclusiva y permanentemente a Él, así como Él se sacrificó por nosotros. De la misma manera, nunca debemos tener sexo si no es entregando toda nuestra vida, exclusiva y permanentemente, a nuestra cónyuge. Cualquier otro uso del sexo deja de ser lo que Dios quiso que fuera: una representación de nuestra unión, actual y futura, con Él.

Esto es lo que la Biblia enseña sobre el sexo y va mucho más allá de un simple "positivismo sexual". Muchas personas hoy en día fueron criadas escuchando que "el sexo es peligroso y un poco sucio". Pero después algunos quisieron tratar de corregir esta idea diciendo: "El sexo es bueno y trae placer y satisfacción, y puedes usarlo como quieras siempre y cuando sea consensuado".

La perspectiva del sexo en la Biblia es infinitamente más alta que cualquiera de estas posturas y no se encuentra en medio de ellas. El sexo no es sucio —fue creado por Dios y Él declaró que era "bueno" (Génesis 1:26-31). Pero el sexo es mucho más que un simple apetito, como lo es comer.

La gloria de Dios en Jesús es la belleza y el amor que hemos estado buscando toda la vida.

"Me has dado a conocer la senda de la vida; me llenarás de alegría en Tu presencia, y de dicha eterna a Tu derecha" (Salmo 16:11). Por fin, experimentaremos la plenitud de nuestra naturaleza y la satisfacción infinita en Su presencia (Salmo 17:15).

¿Será placentero? Por supuesto. Y es por eso que el sexo es divertido y placentero. Pero el sexo puede ser mucho más que un deleite momentáneo si lo conectamos con el futuro al que apunta. Debemos usarlo como una forma de decirle a alguien: "Te pertenezco completa, exclusiva y permanentemente". Cuando lo hacemos, no lo vemos como una manera de obtener placer, sino como un acto que consolida la unión de dos vidas humanas para formar un solo ser y una sola comunidad, y como una manera de moldear tu corazón para amar sacrificialmente como Jesús nos amó. El sexo solo puede alcanzar su mayor potencial para deleitar y satisfacer en el contexto del matrimonio.

Así que el sexo, al igual que el matrimonio, apunta a algo más allá de sí mismo. Si no vemos esto y no enfocamos nuestros corazones en ese futuro, siempre veremos el sexo y el matrimonio como algo amargamente decepcionante.

La meta de la Historia universal

Como dice Lutero, afirmando la perspectiva de Pablo, hay un sentido en el que ya estamos casados con Cristo. Pero hay otro sentido en el que aún no estamos casados, sino que estamos más bien en un compromiso para casarnos con Él. Apocalipsis nos dice que "la cena de las bodas del Cordero" es un día futuro en el que nos casaremos con Jesús (Apocalipsis 19:7). El gran día de la boda en el que nos recibirá en Sus brazos es el único día de bodas que realmente hará que todo esté bien en nuestra vida.

Es importante notar que la Biblia comienza con una boda, y que el propósito original de la boda fue llenar el mundo de hijos de Dios. Pero Adán y Eva se alejaron de Dios y el primer matrimonio no logró cumplir su propósito.

Cuando llegamos al final de la Biblia, vemos cómo la iglesia "bajaba del cielo, procedente de Dios, preparada como una novia hermosamente vestida para su prometido". Los ecos de Génesis 2 son inconfundibles. De nuevo, vemos a Dios trayendo a una novia a su esposo, solo que esta vez el esposo es Jesús y nosotros somos la novia. En ese primer matrimonio, Adán no logró intervenir y ayudar a su esposa cuando ella lo necesitaba. Pero al final de los tiempos habrá otra boda, la cena de las bodas del Cordero, y el propósito de *ese* matrimonio también es llenar la tierra de hijos de Dios. *Ese* matrimonio sí logrará lo que el primero no pudo lograr; el primer esposo de la historia falló, pero el segundo Esposo no fallará. El verdadero Adán, Jesucristo, nunca le fallará a Su esposa, la segunda Eva, Su iglesia.

Además, veamos algo nuevo que no se mencionó en Génesis. Dice que nosotros, Su pueblo, tendremos un vestido hermoso al presentarnos ante nuestro Esposo. Por supuesto, la razón principal por la que no se menciona un vestido de novia en el jardín del Edén es que Adán y Eva estaban "desnudos, pero ninguno de los dos sentía vergüenza". Sin embargo, eso fue antes de que entrara el pecado. La Biblia habla frecuentemente de forma metafórica sobre la necesidad que tenemos de que nuestro pecado sea cubierto con vestiduras limpias o hermosas (Salmo 32, Ezequiel 16; Zacarías 3). Si queremos ser hermosos para nuestro Esposo, nuestros pecados tendrán que ser cubiertos por Su gracia y justicia (Filipenses 3:9). Y la imagen del vestido de novia transmite esto de una forma maravillosa.

La ropa que se usa en las bodas está diseñada para hacernos ver hermosos, para mostrar la mejor versión posible de cada uno. Es una gran metáfora de cómo Jesús cubre nuestros pecados y nos viste con Su justicia, a un costo infinito para Él. El evangelio es que Cristo vivió la vida hermosa y buena que nosotros deberíamos vivir, y que no hemos vivido. Pero ahora, por fe, Su belleza reposa sobre nosotros. Cuando creemos, recibimos Su justicia, tal como explicó Martín Lutero. Apocalipsis nos dice que, en un sentido, caminaremos hacia Jesús y Él nos verá como Su novia hermosa. ¿Puedes comprender lo asombroso que es?

Como pastor, he tenido el privilegio de estar de pie junto al novio en cientos de bodas. Mi esposa y yo siempre miramos al novio justo antes de que llegue la novia. Uno puede notar el momento *exacto* en el que él la ve atravesando la puerta y, de repente, allí está. El novio se queda sin aliento y su corazón salta al verla tan radiante. El resplandor de su rostro refleja el de ella mientras se miran el uno al otro.

¿La Biblia realmente dice que Jesús nos ve así de hermosos y que recibiremos ese tipo de amor del Señor del universo? Sí. Esto es lo que significa estar "en Cristo", lo que significa pertenecerle a Él. Por supuesto, solo podemos entenderlo parcialmente, tanto en lo teórico como en lo práctico. 1 Juan 3:2 dice: "Queridos hermanos… todavía no se ha manifestado lo que habremos de ser. Sabemos, sin embargo, que cuando Cristo venga seremos semejantes a Él, porque lo veremos tal como Él es". Ver Su hermosura y Su gloria y experimentar Su amor directamente por primera vez nos transformará de inmediato en personas inmaculadas con una "gloriosa libertad" (Romanos 8:21). Esto sucederá en el futuro, por supuesto, pero luego Juan agrega: "Todo el que tiene esta esperanza en Cristo se purifica a sí mismo, así como Él es puro" (3:3). Esa realidad futura será tan poderosa, dice Juan, que incluso esperarla —tener apenas una muestra de ella y descansar en que es nuestra con toda seguridad— comienza a transformarnos ahora.

Al regocijarnos en el amor conyugal de Jesús, seremos transformados. Los temores, las envidias, los resentimientos, el aburrimiento, las desilusiones, la soledad —todas las cosas que oscurecen nuestra vida— menguarán. La única forma en la que podrás amar bien a tu esposo o esposa es mirando más allá del final de tu matrimonio terrenal, a tu unión con Cristo.

Debes dejar de pensar: "Si tan solo logro encontrar a *la persona perfecta* y casarme, entonces mi vida estará bien". No. Solo hay uno que es perfecto, y Él te espera al final de los tiempos, en el banquete. Ver Su gloria compensará millones de vidas terribles en la tierra. Y la belleza que Él te dará ese día opacará el mejor vestido de bodas que hayas visto.

¿El final del matrimonio?

En Mateo 22 leemos sobre los saduceos, un grupo de líderes en Israel que no creía en la resurrección futura de los muertos. Ellos sabían que Jesús creía en esto y lo enseñaba, y por eso trataron de tenderle una trampa. Le presentaron un caso hipotético. Había siete hermanos y el primero se casó con una mujer. Pero él murió y ella se casó con el segundo hermano. Luego, ese también murió y ella se casó con el siguiente hermano. Esto siguió hasta que ella se casó con los siete hombres y todos murieron. "Ahora bien", concluyeron, "en la resurrección, ¿de cuál de los siete será esposa esta mujer, ya que todos estuvieron casados con ella?".

Jesús comenzó Su respuesta diciendo: "Ustedes andan equivocados porque desconocen las Escrituras y el poder de Dios" (Mateo 22:29). No solo no conocían la Biblia, sino que su Dios era demasiado pequeño. No comprendían Su sabiduría, gloria y amor infinitos. En realidad, no podían imaginarlo creando un mundo muy diferente al que tenemos ahora.

En cuanto a la enseñanza de la Biblia, Jesús dice:

"¿No han leído lo que Dios les dijo a ustedes: 'Yo soy el Dios de Abraham, de

Isaac y de Jacob'? Él no es Dios de muertos, sino de vivos" (Mateo 22:31-32).

Dios nunca dice: "Yo *fui* el Dios de Abraham, de Isaac y de Jacob". Aunque fue siglos después de que ellos murieran (Éxodo 3:6) que Dios le dijo estas palabras a Moisés, Él nunca habla como si Su relación con ellos estuviera en tiempo pasado. "Yo *soy* su Dios", dice el Señor, y Jesús agrega: "Él no es Dios de muertos, sino de vivos". En otras palabras, nadie que tenga al Dios verdadero como su Dios está realmente muerto. Un erudito bíblico explicó lo que dice Jesús de esta manera: "Aquellos con quienes el Dios viviente se identifica no pueden estar verdaderamente muertos, por eso deben estar vivos con Él después de que terminen sus vidas terrenales".[3] Con esto Jesús establece el principio general de que unirse con Dios por medio de la fe es estar destinados a una vida mejor, una que va más allá del final de la que tenemos aquí.

Luego, hablando directamente del caso hipotético de los saduceos, Jesús dice: "En la resurrección, las personas no se casarán ni serán dadas en casamiento, sino que serán como los ángeles que están en el cielo" (Mateo 22:30).

A primera vista, parece que esto quiere decir que la muerte es, en realidad, el final de nuestros matrimonios. Ciertamente, en la resurrección seremos "como los ángeles", en el sentido de que no habrá necesidad de procreación. No habrá muerte, así que podemos imaginar por qué no sería necesaria una institución que estaba ampliamente dedicada al nacimiento y la crianza de vidas.

Pero R.T. France, en su comentario sobre Mateo, plantea una cuestión que sigue siendo incierta al escuchar las palabras de Jesús. Él escribe: "Los que han encontrado parte de sus alegrías terrenales más profundas en el vínculo especial de una relación de matrimonio pueden quedar angustiados al escuchar que eso se debe dejar atrás". Sin embargo, France nota que los términos "casarse" y "ser dados en casamiento" que usa Jesús son dos verbos que se refieren a la costumbre del padre de la novia de entregar a su hija y al acto del novio de recibirla. En otras palabras, Jesús está diciendo que el emparejamiento activo para el matrimonio no continuará. Luego France agrega:

> Pero nota que Jesús declara que lo que estará fuera de lugar en el cielo es el matrimonio, no el amor. [¿No podría ser que] las relaciones en el cielo serán algo *más* que el matrimonio[?] Él no dice que el amor entre los que han estado casados en la tierra se desvanecerá, más bien

señala que será aumentado de modo que nadie quede excluido".[4]

En *Los cuatro amores*, C. S. Lewis habla de un trío cercano de amigos —Jack (C.S. Lewis), Ronald (J.R.R. Tolkien) y Charles (Charles Williams). Cuando Charles murió, Lewis se dio cuenta de que, como consecuencia, no tendría "más" de Ronald. Ahora Jack había perdido las cosas que solo Charles podía sacar de Ronald. En otras palabras, entre más compartía con otros la amistad que tenía con Ronald, más disfrutaba de esa amistad. Lewis concluyó que esto era un destello de las relaciones perfectas de amor que tendremos en el cielo, cuando no existan los celos ni el egoísmo.[5]

Así que la repuesta a la pregunta de los saduceos es: ella será hasta más que la esposa de todos ellos. (Me imagino que te alegra escuchar esta respuesta si tuviste un cónyuge que murió y luego comenzaste otro buen matrimonio.) La respuesta es que todos estarán en la relación de amor más estrecha posible con todos los demás, porque el amor perfecto de Cristo estará fluyendo dentro y fuera de nosotros como una fuente, como un río.

¿Seguiremos estando con nuestro cónyuge terrenal en el cielo, en la resurrección? Por supuesto. Mira a Jesús, el primero en levantarse de la muerte. Cuando se encontró con las personas que conocía, como en el camino a Emaús en Lucas 24, había sido transformado lo suficiente como para que no lo reconocieran al comienzo, pero después lo reconocieron. Todavía era Él mismo, aunque ahora tenía un cuerpo perfecto y resucitado. Sus amigos seguían siendo Sus amigos.

Y ¿quién podría regocijarse más que tu cónyuge de muchos años al ver tu nuevo ser resucitado? Cuando todos tus pecados y defectos sean borrados de tu alma y cuerpo, tu cónyuge podrá decir con alegría infinita: "Siempre supe que podías ser así. Lo veía en tu interior. ¡Pero ahora mírate!".

En la carta de John Newton a los recién casados que citamos anteriormente, se habla de la relación que tendremos unos con otros luego de la muerte:

> Están unidos y sin duda tendrán que separarse, lo cual es difícil para la carne; pero solo será por un poco de tiempo. Caminarán juntos como coherederos de la vida eterna, participando de las alegrías espirituales de cada uno y, finalmente, se encontrarán ante el trono de gloria y estarán por siempre con el Señor. Deseo que puedan vivir bajo la influencia de

estas perspectivas y que descubran cómo el resplandor del Sol de justicia sobre sus almas hace que todo lo dulce sea aún más dulce; y que cada cruz santificada los lleve a una dependencia más cercana, inmediata y absoluta de Él.[6]

El final de tu matrimonio terrenal será una entrada a una fiesta eterna, donde te unirás a tu compañero terrenal en formas que nunca pudiste en este mundo, y así con todos los demás y con Jesús, el "Amante de tu alma".

Agradecimientos

Nos sentimos más agradecidos que nunca con nuestro editor en Viking, Brian Tart, por este libro y por la serie a la que pertenece. Brian fue quien escuchó la breve meditación sobre la muerte que predicó Tim en el funeral de Terry Hall, la hermana de Kathy, y propuso que la convirtiéramos no en uno, sino en tres libros cortos sobre el nacimiento, el matrimonio y la muerte. También le agradecemos a nuestros amigos en Carolina del Sur, quienes hicieron posible que se escribieran este y los demás libros mientras estuvimos en Folly Beach el verano pasado.

Notas de texto

Empezar un matrimonio

[1] De "The Order for the Solemnization of Marriage" ["El orden para la formalización del matrimonio"] en el *Book of Common Worship* [*Libro de Adoración Común*] (Philadelphia: Presbyterian Board of Publication, 1906), y Génesis 2:22-24.

[2] Belinda Luscombe, "Why 25% of Millennials Will Never Get Married" ["Por qué el 25% de los mileniales nunca se van a casar"] Revista *Time*, 24 de septiembre de 2014, time.com/3422624/report-millennials-marriage/.

[3] Ver Robert Bellah et al., *Habits of the Heart: Individualism and Commitment in American Life* [*Hábitos del corazón: El individualismo y el compromiso en la*

vida estadounidense] (Berkeley y Los Angeles, CA: University of California Press, 2007).

4 Letra de "Where You Are" ["Tu lugar"] de Mark Mancina y Lin-Manuel Miranda, de *Moana* (2016). Irónicamente, este es un enfoque muy occidental e individualista de la identidad que se le impone de forma poco natural a una niña (ficticia) de una cultura que no es occidental. Es cierto que esto se encuentra dentro del alcance del permiso artístico, pero es justo señalar que es un ejemplo de cómo los occidentales seculares ven su cosmovisión como una verdad universal que puede mejorar las culturas del resto de mundo.

5 Jennifer B. Rhodes, citada en Marissa Hermanson, "How Millennials Are Redefining Marriage" ["Cómo los mileniales están redefiniendo el matrimonio"], Gottman Institute, *Gottman Relationship Blog*, 3 de julio de 2018, www.gottman.com/blog/millennials-redefining- marriage/.

Notas de texto

[6] Solo un ejemplo entre muchos estudios: W. Bradford Wilcox, "The New Progressive Argument: For Kids, Marriage Per Se Doesn't Matter" ["El nuevo argumento progresista: Para los niños, el matrimonio en sí mismo no es importante"], Institute for Family Studies, 15 de septiembre de 2014, ifstudies.org/blog/for-kids- marriage-per-se-doesnt-matter-right/.

[7] Wendell Berry, "Sex, Economy, Freedom, and Community" ["Sexo, economía, libertad y comunidad"], en *Sex, Economy, Freedom, and Community* [*Sexo, economía, libertad y comunidad*] (Nueva York: Pantheon, 1993), 119.

[8] Joe Pinsker, "How Successful Are the Marriages of People with Divorced Parents?" ["¿Qué tan exitosos son los matrimonios de los hijos de padres divorciados?"] Revista *The Atlantic*, 30 de mayo de 2019.

[9] Pinsker, "How Successful Are the Marriages of People with Divorced Parents?". Agregué las cursivas en la cita.

[10] Linda J. Waite et al., "Does Divorce Make People Happy? Findings from a Study of Unhappy Marriages" ["¿El divorcio hace felices a las personas? Hallazgos de un estudio de matrimonios infelices"], Institute for American Values, 2002, http://www.americanvalues.org/search/item.php?id=13.

[11] Pinsker, "How Successful Are the Marriages of People with Divorced Parents?".

[12] Paula England, "Is the Retreat from Marriage Due to Cheap Sex, Men's Waning Job Prospects, or Both?" ["¿El abandono del matrimonio se debe al sexo barato, a la disminución de posibilidades de empleo para hombres o a ambos?"] Institute for Family Studies, 1 de noviembre de 2017, ifstudies.org/blog/is-the-retreat-from-marriage-due-to-cheap-sex-mens-waning-job-prospects-or-both.

[13] Kyle Harper, *From Shame to Sin: The Christian Transformation of Sexual Morality in Late Antiquity* [*De la vergüenza al pecado: La transformación cristiana de la*

moralidad sexual en la antigüedad tardía] (Cambridge, MA: Harvard University Press, 2016), 86. Ver también todo el capítulo 2 de Harper, "The Will and the World in Early Christian Sexuality" ["La voluntad y el mundo en la sexualidad del cristianismo primitivo"], 80-133.

[14] Courtney Sender, "He Asked Permission to Touch, but Not to Ghost" ["Pidió permiso para tocar, pero no para desaparecer"], *New York Times*, 7 de septiembre de 2018.

[15] Sender, "He Asked Permission to Touch, but Not to Ghost".

[16] Sender, "He Asked Permission to Touch, but Not to Ghost".

[17] Citado en Carolyn Kaufman, "Why Finding a Life Partner Isn't That Simple" ["Por qué no es tan simple encontrar a un compañero de vida"], *Psychology Today*, 20 de abril de 2013.

[18] Salvedad: Si has estado viviendo con tu pareja antes de casarte (y espero que no, porque esa no es una buena preparación para el matrimonio), estas sugerencias todavía aplican para ti. Ver Timothy y Kathy Keller, *El significado del matrimonio* (Nashville, TN: B&H Publishing Group, 2017) Introducción. Vivir juntos es muy diferente a estar realmente casados. Saber que "la puerta de atrás siempre está sin seguro" y que se puede usar si algo sale mal significa que no tienes que quedarte para hacer el trabajo duro de construir la relación, resolver los problemas y construir tu familia.

[19] Judson Swihart, *How Do You Say "I Love You"?* [*¿Cómo dices "te amo"?*] (Downers Grove, IL: InterVarsity Press, 1977). Un libro mucho más conocido, popular y reciente sobre este tema es *Los 5 lenguajes del amor: El secreto del amor que perdura* de Gary Chapman (Medley, FL: Editorial Unilit, 2017).

[20] Swihart, *How Do You Say "I Love You"?*, 15.

Notas de texto

Mantener un matrimonio

[1] John Newton y Richard Cecil, *The Works of John Newton* [*Las obras de John Newton*], Vol 6 (Londres: Hamilton, Adams & Co., 1824), 132-133.

[2] C. S. Lewis, *The Four Loves* [*Los cuatro amores*] (Nueva York: HarperCollins, 2017), 157.

[3] Martín Lutero, "Castillo fuerte" (1529). Traducción literal de parte de la primera estrofa.

[4] Para consultar un estudio relevante sobre el tema de "Dios como nuestro cónyuge", ver Raymond C. Ortlund Jr., *God's Unfaithful Wife: A Biblical Theology of Spiritual Adultery* [*La esposa infiel de Dios: Una teología bíblica sobre el adulterio espiritual*] (Downers Grove, IL: IVP Academic, 2003).

[5] Texto de *First Principles of the Reformation* [*Primeros principios de la Reforma*], ed. por Henry Wace y C. A. Buchheim (Londres: John Murray, 1883). Se puede encontrar en inglés en https://sourcebooks.fordham.edu/ mod/luther-freedomchristian.asp.

Sobre el matrimonio

El destino del matrimonio

1. "The Fruitful Bride" ["La novia fructífera"] en Francis Schaeffer, *True Spirituality* [*Espiritualidad verdadera*] (Wheaton, IL: Tyndale House, 2001), 72-81.
2. Ver el análisis de John Murray, *The Epistle to the Romans* [*La epístola a los romanos*], edición de un solo volumen (Grand Rapids, MI: William B. Eerdmans, 1971), 244, y especialmente n7.
3. R. T. France, *The Gospel of Matthew* [*El Evangelio de Mateo*], The New International Commentary on the New Testament [Nuevo comentario internacional del Nuevo Testamento] (Grand Rapids, MI: William B. Eerdmans, 2007), 840-841.
4. France, *The Gospel of Matthew*, 839.
5. C. S. Lewis, *The Four Loves* [*Los cuatro amores*] (Nueva York: HarperCollins, 2017), 78-79.
6. John Newton y Richard Cecil, *The Works of John Newton* [*Las obras de John Newton*], Vol 6 (Londres: Hamilton, Adams & Co., 1824), 132-133.

Serie ENCUENTRA A DIOS

SOBRE EL NACIMIENTO

En la vida hay pocos eventos que sean más significativos que el nacimiento, el matrimonio y la muerte. En *Sobre el Nacimiento*, el autor de *bestsellers*, Timothy Keller, explica la perspectiva cristiana más profunda del nacimiento y el bautismo.

SOBRE LA MUERTE

En una cultura que evita pensar en la inevitabilidad de la muerte, Timothy Keller exalta los recursos cristianos de esperanza que tenemos para enfrentarla. Este libro breve y cautivador nos da herramientas para entender el triunfo de Dios sobre la muerte por la obra de Jesús.

LA PALABRA DE DIOS PARA TI

"Todo Gálatas habla del evangelio: el evangelio que todos necesitamos durante toda la vida. **¡Este evangelio es como dinamita!** Oro para que su poderoso mensaje explote en tu corazón mientras lees este libro".
- *Timothy Keller*

LÉELOS • ESTÚDIALOS • ÚSALOS

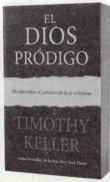

Otros libros de
POIEMA

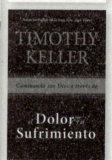

el evangelio para cada rincón de la vida

Devocionales de
TIMOTHY KELLER

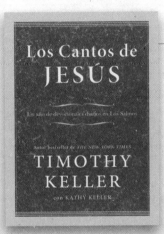

365 devocionales diarios enfocados en Los Salmos. Incluye la lectura del Salmo, una reflexión y una oración. Ideal para leer solo o con tu familia.

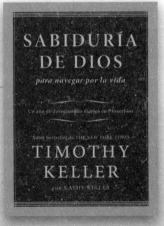

365 devocionales diarios enfocados en Los Proverbios (y algunos pasajes de otros libros sapienciales). Incluye la lectura del Salmo, una reflexión y una oración. Ideal para leer solo o con tu familia.

El Evangelio
¡para cada rincón de la Vida!

La palabra POIEMA viene del griego (POY-EMA). Se refiere a una obra creada por Dios. Es la raíz de nuestra palabra *poema*, que sugiere un sentido artístico, no a una simple fabricación. Pablo dice:

"Porque somos la obra maestra (POIEMA) de Dios, creados de nuevo en Cristo Jesús…"
Efesios 2:10

El propósito de Poiema Publicaciones es reflejar la imagen de nuestro Creador mediante la publicación de libros centrados en el evangelio, de alta calidad, accesibles, agradables y pertinentes al mundo caído en el que vivimos. Dios nos invita a tomar parte de la redención de toda Su creación en Jesús.

En Poiema Publicaciones sentimos un llamado a que nuestra lectura ¡también sea redimida!

- PoiemaLibros
- Poiema Publicaciones
- PoiemaLibros